CUIDO A MI PERRO

Katherine Starke

Diseño: Kathy Ward
Redacción: Fiona Watt

Ilustraciones: Christyan Fox
Fotografías: Jane Burton
Traducción: Mónica Tamariz

SUMARIO

Asesor: Barry Eaton
Agradecimientos a: Andrew Kirby

La elección del perro

Antes de decidirte por un perro, puedes ir a un centro de protección animal o a una clínica veterinaria para ver las diferentes razas que hay. Si nunca has tenido un perro, puede que te resulte más fácil cuidar a un cachorro que a un perro adulto. A los cachorros hay que adiestrarlos, pero suelen aprender rápidamente. Los cachorritos se pueden separar de su madre a las 6 u 8 semanas. Fíjate en la mamá de los cachorros: si es simpática, sus hijos también lo serán.

Este pastor alemán tiene 8 semanas.

Estos spaniels tienen 12 semanas.

Algunos consejos

Escoge un perro que no sea demasiado grande para tu casa.

Elige un cachorro que sea simpático.

Antes de elegir un cachorro, trata de averiguar cómo son sus padres. Si los padres son grandes, sus cachorros también serán grandes cuando crezcan.

Si puedes, juega un rato con los cachorros para conocerlos mejor. Elige uno que sea sociable, al que le guste la gente y los demás perritos.

Escoge un cachorro que no sea ni agresivo ni demasiado tímido. Si es agresivo, puede ser difícil de controlar y de adiestrar cuando crezca.

Tipos de perros

Hay un tipo de perros llamados perros de raza, criados para tener unas características físicas y un comportamiento determinados. Si te decides por un cachorro de raza, sabrás qué tamaño y qué carácter tendrá de mayor.

A algunos perros de raza hay que cepillarlos con más frecuencia o sacarlos a hacer ejercicio muy a menudo. También pueden resultar muy caros. Antes de comprar un perro de raza, entérate bien de cuáles son sus características.

Este labrador es un cachorro de raza.

Hay perros de muchas formas, tamaños y colores.

Otros perros son una mezcla de razas diferentes y es más difícil saber qué aspecto y qué carácter tendrán cuando crezcan. Sin embargo, estos perros mestizos suelen tener mejor salud y vivir más años que los de raza.

Los labradores, como este cachorrito, suelen ser simpáticos, pero necesitan hacer mucho ejercicio.

¿Qué cosas necesito?

Antes de traer a casa a tu perrito, tienes que comprar una serie de cosas. El cachorro necesitará juguetes, un lugar donde dormir, comida, un comedero, un bebedero y un transportín para trasladarlo a tu casa. Asegúrate de que todo está listo para la llegada del perro.

El transportín

Si el cachorro es pequeño, la forma más segura de llevarlo a casa es en un transportín. Puedes pedir uno prestado a la persona que te ha vendido el cachorro o a un veterinario.

Este transportín es de plástico, pero también los hay de cartón.

Los juguetes

El cachorro necesita juguetes para entretenerse cuando se quede solo. Cómprale juguetes especiales que pueda morder sin peligro.

La cama

Consigue una caja de cartón suficientemente grande para que el perro pueda tumbarse en ella y recorta la parte delantera. Por delante tiene que ser bastante baja para que el cachorro pueda entrar y salir fácilmente.

Coloca la cama en un lugar cálido y tranquilo.

Pon unos periódicos en el fondo de la caja y una manta vieja para que el perro esté cómodo Si tienes un cachorrito, tendrás que cambiarle la caja a medida que vaya creciendo.

El collar y la chapa

Tu perro necesitará un collar y una chapa de identificación por si se pierde. Además, el veterinario le pondrá un chip de identificación o un tatuaje con tus datos. Cuando le pongas el collar al perro, déjalo holgado, de modo que puedas pasar dos dedos entre el collar y el cuello. Si tienes un cachorro, comprueba cada tres o cuatro días que el collar no le queda pequeño. Cuando crezca necesitará un collar más grande.

Dentro del accesorio que cuelga del collar, va escrito el nombre y el número de teléfono del dueño.

Para comer

Necesitarás también un plato para la comida y otro para el agua. Colócalos en un sitio tranquilo, donde el perro pueda comer sin que nadie le moleste.

ESNIF...
ESNIF...

Pon papel de periódico debajo de los platos.

Al principio compra poca comida, por si al perro no le gusta. Los alimentos que indican "completo" en la etiqueta contienen todo lo que el perro necesita para mantenerse sano.

Al llegar a casa

El perro estará nervioso e inquieto cuando llegue a casa. Si se trata de un cachorrito, probablemente sea la primera vez que se encuentra lejos de su madre y todo le parecerá extraño. Durante los primeros días, no le dejes que explore más de una o dos habitaciones, para que se acostumbre poco a poco a su nuevo hogar.

Háblale al perro con suavidad para que se acostumbre a tu voz.

Para empezar

Echa un poco de comida en el comedero y da unos golpecitos para enseñar al perro dónde está.

Cuando el perrito llegue a casa, trata de no hacer mucho ruido, pues al principio puede que esté nervioso o tenga miedo. Enséñale dónde está la comida para que coma si tiene hambre.

Los cachorros se cansan enseguida.

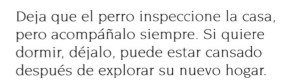

Deja que el perro inspeccione la casa, pero acompáñalo siempre. Si quiere dormir, déjalo, puede estar cansado después de explorar su nuevo hogar.

Un nuevo amigo

Llama al perro por su nombre y extiende la mano para que la olfatee. Agáchate para que pueda verte mejor la cara, pero no le mires directamente a los ojos.

Acaríciale la cabeza y el lomo.

Si le miras fijamente a los ojos, el perro creerá que quieres pelear con él.

Caras nuevas

Cuando saques al perro a pasear, verá a mucha gente nueva. Para que no se le haga extraño, trata de acostumbrarlo cuanto antes a relacionarse con desconocidos.

Al principio, es mejor que conozca a pocas personas cada vez.

¡A dormir!

Es posible que el perrito llore las primeras noches, pero pronto se acostumbrará a estar solo. Envuelve una bolsa de agua caliente en una manta y ponla en su cama para que el cachorro se acurruque junto a ella.

Los cachorritos duermen más que los perros adultos.

Si el perro está dormido, no lo despiertes.

Los primeros días

El perro tardará algún tiempo en acostumbrarse a su nuevo hogar y a tus otras mascotas, si las tienes. A los cachorros hay que ponerles varias vacunas antes de poder sacarlos a la calle (ver pág. 17). Los perros pueden coger enfermedades en los lugares donde otros perros han hecho caca, así que tendrás que limpiar las cacas de tu perro. En la página 22 se explica cómo hacerlo cuando salís de paseo.

Extiende una capa gruesa de hojas de periódico cerca de la cama del cachorro para que pueda hacer sus necesidades durante la noche.

Dónde hacer sus necesidades

Si tienes jardín, saca al cachorro para que haga sus necesidades después de cada comida, cuando se despierte y cuando termines de jugar con él.

Fíjate en el perrito: si se agacha y olfatea el suelo puede ser señal de que necesita salir a hacer sus necesidades.

Quédate en el jardín con el perro hasta que haya terminado. Si hace caca, hazle saber con demostraciones de cariño que se ha portado bien.

La limpieza

Ponte guantes de goma y usa una pala vieja para recoger la caca. Tírala a la basura en una bolsa de plástico. Lávate bien las manos: la caca de perro tiene microbios que causan enfermedades.

El encuentro con otras mascotas

ESNIF...
ESNIF...

Antes de que tu perro conozca a tu gato o a otro perro, pon una de sus mantas al lado de la cama de tu otra mascota, para que ésta se acostumbre al olor del recién llegado.

Cuando tus animales se vean por primera vez, déjalos que se olfateen el uno al otro.

ESNIF...
ESNIF...

Lo mejor es esperar varios días antes de presentar a tu perro a otras mascotas. No le dejes que se acerque a animales pequeños, como conejos o hámsters, porque podría perseguirlos. Si tienes un gato, sujeta al perro con una correa las primeras veces que se vean. Si empiezan a pelearse, llévate al perro. Los primeros encuentros no deben durar mucho tiempo.

Los cachorritos aprenden mirando a los perros mayores.

Este perro adulto está acostumbrado a los cachorritos.

La comida

Los perros prefieren estar solos a la hora de comer, así que coloca el comedero y el bebedero en un sitio tranquilo. Si tienes otro perro o un gato, dales de comer en un sitio distinto a cada uno, pues a veces intentan robarse la comida.

No juegues con el perro justo después de comer. Déjalo descansar un rato para que no le siente mal la comida.

Este comedero de plástico no se vuelca mientras el perro come.

Tipos de comida

Dale al perro comida ya preparada seca o en lata. Los alimentos para cachorros contienen todo lo necesario para que tu perrito esté sano.

¿Cuánta comida?

Los perros grandes necesitan comer más que los pequeños.

Pesa al perro para calcular cuánta comida tienes que darle. En la etiqueta pone la cantidad que corresponde a cada peso.

Para pesar al cachorro, siéntalo en una báscula de baño. Pésalo todas las semanas hasta que cumpla los seis meses.

La hora de la comida

*Pon la comida en el plato
con una cuchara vieja.*

En lugar de darles mucha comida de una sola vez, a los cachorritos hay que darles cuatro comidas ligeras al día.

Echa agua fría en otro plato. Los perros necesitan tener siempre agua fresca para beber si tienen sed.

A partir de los seis meses, dale dos comidas al día. Cuando sea adulto, dale de comer una o dos veces al día.

Huesos y mordedores

A casi todos los perros les encanta morder huesos y mordedores. Al morder, además, el perro se limpia los dientes. No le des nunca a tu perro huesos cocidos ni huesos de pollo, pues al masticarlos puede hacerlos astillas que le lastimarán la boca. Dale solo huesos crudos, que puedes comprar en la carnicería.

*Regálale a tu
perro un hueso
o un mordedor
como éste.*

Los juegos

A los perros les encanta jugar con otros perros, con sus juguetes y con las personas, y a veces arman mucho alboroto. El juego les sirve para hacer ejercicio y también para divertirse.

Cómprale a tu perro diferentes juguetes para que no se aburra. En las tiendas de animales venden juguetes especiales para perros, más resistentes que los normales.

Mordiscos en broma

Estos cachorros se dan mordiscos al jugar.

Se muerden sin hacerse daño.

Los cachorros suelen pelearse en broma y a veces se dan mordiscos. No te preocupes, sólo están jugando y no se hacen daño.

Cuidado con los dientes

¡AY!

Si el cachorro te muerde mientras juegas con él, grita: "¡Ay!" bien fuerte y deja de jugar. Así aprenderá que si te muerde, no jugarás con él.

¡Quiero jugar!

Cuando el perro extiende las patas delanteras, baja la cabeza y empina el trasero, te está indicando que quiere jugar.

Juega con tu perro

Cuando el perro agarra un juguete con los dientes, está jugando a matarlo.

Echa a rodar una pelota para que el perro la persiga. Usa una pelota bastante grande para que el perro no se la pueda tragar.

También podéis jugar al escondite: escóndete detrás de un mueble y llámalo por su nombre.

Si dejas solo a tu perro, dale un juguete para que se entretenga. Los juguetes de goma son buenos para hincar los dientes.

Este cachorro de spaniel está jugando con una pelota que suena cuando la hace rodar con la pata.

Cuando menea la cola quiere decir que está contento.

El lenguaje de los perros

Los perros hacen movimientos y sonidos diferentes para indicar si están contentos o enfadados. Pueden ladrar si quieren que les presten atención o gruñir si quieren que los dejen tranquilos. Cuando te encuentres con un perro desconocido, obsérvalo con atención para ver si es simpático o no. Antes de acariciarlo, pídele permiso al dueño.

Cuando está contento, el perro menea la cola. También levanta las orejas y abre la boca como si sonriera. Para indicarte que quiere jugar, levantará la cabeza.

Las orejas levantadas de este cachorro indican que está contento.

Revolcones

Cuando el perro se revuelca por el suelo y se pone panza arriba, quiere decir que confía en ti. A casi todos los perros les gusta que les rasquen la barriga.

El perro asustado

Cuando un perro tiene miedo de algo, se agacha tratando de pasar desapercibido. Entonces se encoge, mete el rabo entre las patas y se escapa con las orejas gachas.

Tu perro puede reaccionar así cuando otro perro intente atacarlo.

Si el perro está nervioso o asustado, no te mirará a los ojos.

El perro curioso

Los perros levantan las orejas para oír mejor. Si tu perro ve u oye algo que le llama la atención, levantará las orejas, se sentará muy quieto y ladeará la cabeza, esperando a ver qué pasa a continuación.

¡Fuera!

Si un perro te ladra, es que quiere que te vayas.

Cuando los perros se ponen en actitud defensiva, enseñan los dientes y se agachan, preparados para saltar en cualquier momento. También echan las orejas hacia atrás y ladran.

¡No te acerques!

Cuando te encuentres con un perro que no conoces, ten cuidado.

Los perros gruñen y enseñan los dientes cuando se enfadan. Echan las orejas hacia adelante y miran fijamente a la persona con quien están enfadados. Si ves que un perro hace esto, no te acerques.

La salud de tu perro

Si tu perro tiene mal aspecto o no quiere comer, puede que esté enfermo. Si crees que no se encuentra bien, busca en la guía de teléfonos una clínica veterinaria cerca de tu casa.

Tendrás que llevar tu nuevo cachorro al veterinario para que compruebe si está sano. Después, tienes que llevarlo una vez al año para que le hagan una revisión.

La visita al veterinario

Si tu perro está enfermo, pide hora para ir al veterinario. Abriga bien al perro y deja que descanse en un lugar tranquilo.

En la clínica habrá otros animales, así que no le quites la correa al perro hasta que entres a ver al veterinario.

Este cachorrito se rasca porque tiene pulgas que le pican.

Si ves que tu perro se rasca mucho, puede que tenga pulgas.

Las pulgas

Si el perro se rasca mucho, puede que tenga pulgas, unos insectos que viven en el pelo de los animales. Pide consejo al veterinario; te dará un esprai, gotas o pastillas para matar a las pulgas.

Otros parásitos

En el estómago de tu perro pueden vivir unos animalitos que lo pondrán muy enfermo. Si tiene lombrices o tenias, puede que el perro pierda peso aunque coma más de lo normal. El veterinario te recomendará unas pastillas para proteger a tu perro de esos parásitos. No te olvides de preguntarle cuántas veces al día tienes que darle las pastillas.

La etapa de crecimiento

Antes de poder sacar al perro a pasear, tienes que vacunarlo contra ciertas enfermedades. Después, hay que llevarlo a vacunarse una vez al año para mantener la protección.

El veterinario examina los ojos y los dientes de los perros.

A partir de los seis meses, se le puede hacer una pequeña operación al cachorro para que no tenga crías si es hembra o para que no sea padre si es macho. Consulta al veterinario.

El perro se hace viejo

Algunos perros llegan a vivir diez años o incluso más. Cuando se va haciendo viejo, el perro corre menos o más despacio que antes, de manera que tendrás que darle paseos más cortos. Necesitará dormir más; ponle la cama en un lugar calentito. No te olvides de cepillarlo a menudo para que esté siempre limpio.

El adiestramiento

A los perros hay que adiestrarlos para poder cuidar mejor de ellos. Empieza a adiestrar a tu perro desde el primer día para que sepa que tú eres el que manda. El cachorrito tiene que saber si ha hecho algo bien o mal.

¡Muy bien!

Cuando el perro te obedezca, dale un premio. Por ejemplo, dale algo de comer que le guste, juega con él o acarícialo. No le pegues nunca, aunque haga algo mal.

Si el perro se sienta cuando se lo mandas, di: "¡Muy bien!".

¡A sentarse!

Una de las primeras cosas que tiene que aprender el cachorro es a sentarse cuando se lo mandes. Si se pone revoltoso o salta, puedes calmarlo diciéndole que se siente.

Como premio, puedes darle una galleta para perros.

Sostén la galleta justo encima de su nariz. El perro levantará la cabeza para mirarla, con lo que iniciará el movimiento de sentarse.

Cuando el perro se siente, di "¡Sentado!" y dale la golosina. Dile "¡Muy bien!" para que sepa que se ha portado bien.

Los dientes

Al cachorro le puede doler la boca
cuando le salen los dientes. Si le das algo
para que muerda, le dolerá menos. A los
perros mayores también les gusta
morder las cosas para entretenerse.
Dale a tu perro un juguete que
pueda morder siempre
que quiera.

Cuando el perro
muerda algo que
no deba, dile
"¡No!" con voz
enérgica y dale
un juguete que
sí pueda morder.

*Dale a tu perrito un juguete
para mascotas como el de
la foto que pueda morder
sin hacerse daño.*

La escuela de adiestramiento

*En la escuela de
adiestramiento
enseñarán al
cachorro a ser
obediente.*

Además de adiestrar al perro en casa,
es una buena idea llevarlo a clases de
adiestramiento, donde también se
acostumbrará a estar con otros perros.

Encontrarás información sobre escuelas
de adiestramiento en el tablón de
anuncios de la clínica veterinaria o en
la sección de "adiestradores de perros"
en la guía telefónica.

Salir por primera vez

El cachorro no puede salir hasta que no le hayan puesto todas las vacunas, pero mientras tanto, puedes empezar a enseñarlo a andar con correa dentro de la casa. Cuando lo saques de paseo, os encontraréis con otros perros, así que es una buena idea que se acostumbre a ver a otros cachorros desde pequeño.

Sujeta la correa bien alta para que no se le enrede entre las patas.

Pasea por casa con el perro sujeto de la correa durante un ratito todos los días.

La correa

Primero, dile al perro que se siente.

Enséñale a doblar esquinas y a andar haciendo "eses".

Si ha caminado bien, dale el premio.

Engancha la correa a la anilla del collar. Ten a mano un bocado que le guste y deja que el perro lo olfatee, pero no se lo des todavía.

Empieza a caminar con el perro. Cuando el perro se ponga a andar a tu paso, di "¡Sigue!". Déjale que olfatee su premio mientras anda.

Si el perro se aleja de ti, recuérdale que tienes un bocado que le gusta en la mano. Cuando vuelva a tu lado, di "¡Sigue!".

Los tirones

Cuando camines, la correa no debe estar tirante. No te olvides de llevar un premio en la otra mano y, si el perro da tirones, enséñaselo para que vuelva a tu lado.

No tires de la correa, pues podrías hacerle daño en el cuello.

La elección de la correa

Necesitas una buena correa de nylon o de cuero de al menos 1 m de largo. Cuando el perro sea mayor, puedes comprar una correa extensible para que pueda explorar los alrededores cuando lo saques de paseo. No uses la correa extensible en la calle ni cerca de las carreteras.

Reuniones para cachorros

Una vez que le han puesto las vacunas al cachorro, durante un tiempo no puede estar con perros mayores, pero sí con otros perritos de su misma edad. Algunos centros veterinarios organizan reuniones para cachorros.

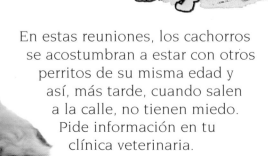

En estas reuniones, los cachorros se acostumbran a estar con otros perritos de su misma edad y así, más tarde, cuando salen a la calle, no tienen miedo. Pide información en tu clínica veterinaria.

Vamos de paseo

Tienes que sacar a pasear al perro por lo menos dos veces al día. Lo mejor es ir a un sitio donde no sea peligroso quitarle la correa para que corra suelto. Las primeras veces, déjale la correa puesta hasta que conozca bien el lugar, aunque no corra ningún peligro.

Lleva al perro por caminos diferentes para que los paseos sean más entretenidos.

Cuando lleves al perro de paseo, no le dejes que haga sus necesidades en los lugares por los que pasa la gente. En los parques suele haber zonas especiales para ello. No te olvides de recoger la caca del perro con un recogedor y echarla en una bolsa de plástico. En cuanto llegues a casa, lávate las manos.

Cruzar la calle

Antes de atravesar la calle, ordena al perro que se siente diciéndole "¡Siéntate!". Espera a que no pasen coches y cruza. Cuando cruces la calle o cuando vayas caminando al lado de la carretera, lleva al perro siempre sujeto de la correa.

Para llamar al perrito

Llama al perro por su nombre para que preste atención.

Pide a un amigo que sujete al perro por el collar. Aléjate un poco y enseña al cachorro un premio.

Agáchate y abre los brazos, así el cachorrito verá que quieres que vaya contigo.

Cuando lo suelten, el perro vendrá corriendo. Cuando esté bastante cerca, di "¡Ven!". Dale el premio y dile "¡Muy bien!".

Los olores

Cuando el perro escarba la tierra, está dejando su olor en el suelo.

Los perros suelen tener un territorio que consideran suyo y que marcan con su olor. Como tienen muy buen sentido del olfato, notan el olor de los animales que han estado en su territorio.

Los perros tienen en las patas, en el cuello y en el trasero unas glándulas que despiden olor. Cuando quieren marcar su territorio, hacen sus necesidades, se restriegan contra las cosas o escarban el suelo.

Los juegos al aire libre

Cuando salgas al parque con tu perro, llévate un juguete, por ejemplo, una pelota. Vete a una zona tranquila, alejada de las carreteras y lanza la pelota para que el perro la persiga.

No le tires nunca un palo para que lo recoja, ya que puede tropezar con él y hacerse daño.

Lanza una pelota u otro juguete para que el perro lo persiga y juegue con él.

Tu perro por la calle

Cuando saques al cachorro de paseo, os encontraréis con otros perros. Casi todos serán amistosos y querrán jugar con tu perrito. Es importante que el cachorro aprenda cómo comportarse cuando está con otros perros.

Lo más seguro es que durante el paseo también veáis a otras personas. Tendrás que enseñar al cachorro a portarse bien y a no abalanzarse sobre la gente.

Encuentros con otros perros

Sujeta al perro de la correa.

Cuando dos perros se encuentran por la calle, se olfatean por todas partes para reconocerse.

Si te encuentras con un perro que quiere pelear, haz mirar a tu perro hacia otro lado y pasa de largo.

¿Quién es el más fuerte?

Cuando un perro tiene un juguete, puede que lo sacuda delante de otro perro para invitarle a jugar.

En las tiendas de animales encontrarás juguetes resistentes a los tirones.

A veces los perros gruñen al tirar de un juguete, pero sólo están jugando.

A los perros les gusta jugar a tirar de algo para ver quién es más fuerte. Es mejor que jueguen dos perros, porque si juegas tú contra el perro, puede que te tire al suelo o que tú le hagas daño en los dientes. A los perros de mandíbulas fuertes, como los terriers, les encanta este juego. Si a tu perro también le gusta, lleva un juguete resistente cuando salgáis.

Este schnauzer recoge el juguete que le ha tirado su amo.

"¡Busca!"

Usa un juguete blando para que el cachorro no se lastime la boca.

Enseña el juguete al perro para que lo olfatee. Lánzalo no muy lejos y di "¡Busca!". Cuando el perro vuelva con el juguete en la boca, tómalo y dile "¡Muy bien!".

Los saltos

Si el perro salta, no le hagas caso.

A veces los perros saltan y lamen la cara de la gente para saludarla.

También saltan cuando quieren llamar la atención. Enséñale a tu perro que esto no está bien.

Enseña al perro a no saltar ni lanzarse sobre la gente. Si se abalanza sobre ti, quédate quieto y mira hacia otro lado. Si lo empujas para que se baje o lo regañas cuando salta, creerá que estás jugando.

El cepillado

Los perros necesitan que los cepillen para tener el pelo desenredado y para quitarles el pelo que se les va cayendo. Acostumbra a tu perro al cepillado desde pequeño. Cepilla al perro antes de bañarlo para que no se le formen nudos en el pelo.

Cepillos para perros

Un peine para perros.

Con la carda se quitan los pelos sueltos.

El cepillo de cerdas sirve para el pelo corto o largo.

Necesitas un cepillo y un peine especiales para el perro. Hay distintos tipos de cepillos para los diferentes tipos de pelo. Pregunta en la tienda de animales cuál le va bien a tu perro.

El shi-tzu tiene el pelo largo y espeso. Este tipo de pelo necesita varios cepillados a la semana.

Si tu perro tiene el pelo corto y liso, cepíllalo una vez a la semana.

El pelo fuerte del schnauzer necesita dos cepillados a la semana.

Los perros de pelo largo necesitan al menos dos cepillados a la semana.

Cómo cepillar al perro

El perro puede estar de pie o sentado.

Ten cuidado de no dar tirones y de no arrancarle pelo.

A algunos perros les encanta que les cepillen la barriga.

Extiende unas hojas de periódico en el suelo y coloca al perro encima, así los pelos y el polvo caerán sobre el papel.

Empieza por el lomo. Cepíllalo con suavidad, siguiendo la dirección en que crece el pelo.

Cepilla las patas, la barriga y la cola. No te olvides de la zona de alrededor de las orejas y debajo de la barbilla.

La muda

Casi todos los perros mudan el pelo dos veces al año. Cuando el perro está cambiando el pelo, tienes que cepillarlo todos los días. Algunos perros mudan el pelo poco a poco a lo largo de todo el año.

Algunos perros de pelo rizado no mudan el pelo, sino que, como a las personas, les crece todo el tiempo. Si a tu perro le crece el pelo así, llévalo a la peluquería canina para que se lo corten.

El baño

Para estar limpios, los perros se lamen el pelo. Si tu perro se ensucia de barro, espera a que se seque y cepíllalo. Sin embargo, si se mancha mucho o si huele mal, lo mejor es bañarlo. En cualquier caso, báñalo al menos una vez cada cuatro o seis meses. Ponte ropa vieja o un delantal para bañar al perro, pues seguramente terminarás empapado. Compra champú para perros en una tienda de animales y ten preparada una toalla vieja para secarlo.

¡Al agua!

Necesitas que alguien sujete al perro por el collar.

Llena la bañera de agua templada hasta una altura de 7 cm. Comprueba que el agua no quema. Con la ayuda de otra persona, mete al perro en la bañera.

Pide a alguien que mantenga al perro quieto mientras lo lavas. Échale agua por encima con un recipiente de plástico. De momento, no le mojes la cabeza.

No le eches champú en la cabeza.

Ponte un poco de champú en la mano y extiéndelo por todo el cuerpo. Frota bien con los dedos de manera que el champú llegue hasta la piel.

Enjuaga bien al perro con mucha agua templada. Para terminar, lávale bien la cara con una esponja o con un trapo viejo mojado.

¡A secarse!

Los perros suelen
sacudirse vigorosamente
para quitarse el agua
del pelo. Deja que
tu perro se sacuda
dentro de la bañera.
Luego, frótalo con
una toalla vieja
para secarlo.

No le dejes salir de casa
hasta que no esté seco del
todo para que no se enfríe.
El pelo de los perros no
abriga cuando está húmedo.

*Guarda una
toalla vieja
especialmente
para secar
al perro.*

Un nuevo olor

Después del baño, el perro
se sentirá raro sin su olor
de siempre. Algunos
perros se cubren con un
olor muy fuerte para que
los demás perros no los
descubran. Durante los días
siguientes al baño, ten
cuidado porque el perro
puede tratar de revolcarse
en sustancias
malolientes.

Salir de viaje

Si vas a pasar una o más noches fuera de casa, tienes que pedir a alguien que cuide de tu perro, que le dé de comer y de beber y que lo saque a hacer ejercicio todos los días. Cuando te vayas, el perro preferirá ir contigo. A casi todos los perros les gusta explorar sitios nuevos, pero es mejor no sacar a un cachorro de casa hasta que le hayan puesto todas las vacunas. No dejes nunca al perro solo toda una noche, pues se aburrirá y te echará mucho de menos.

Cuando lo lleves de viaje, el perro se pondrá nervioso al ver, oír y oler tantas cosas nuevas.

La residencia canina

Si no puedes llevarte al perro de viaje contigo, puedes dejarlo en una residencia para perros. Llévale algunos de sus juguetes y su cama.

El perro se sentirá más a gusto si tiene las cosas que conoce.

En la residencia cuidarán al perro y lo sacarán a pasear. Sólo pueden ir a las residencias caninas los perros mayores de seis meses.

Cambio de aires

Si te llevas al perro de viaje, llévate todas las cosas que necesitas para su cuidado. Ponle una etiqueta en el collar con las señas del lugar adonde vais y, al llegar a vuestro destino, no dejes que el perro se aleje de ti para que no se pierda.

En casa de amigos

Pon la dirección de tus amigos en la etiqueta del perro.

Cuando te vayas de viaje, también puedes dejar al perro en casa de unos amigos. Lo mejor es dejarlo con amigos que conozcan bien a tu perro o que tengan otros perros.

No te olvides de dejar a tus amigos una buena provisión de comida para el perro. Dales el número de teléfono de tu veterinario por si el perro se pone enfermo mientras no estás.

El viaje por carretera

Cuando el perro viaja en coche, puede pasar calor. Los perros no sudan para refrescarse, como las personas, así que lo mejor es abrir un poco una ventanilla. Cuando paréis a mitad de camino, ponle la correa al perro, dale un poco de agua y sácalo para que haga sus necesidades.

Lleva el bebedero del perro y una botella llena de agua.

Cuando hagáis una parada, dale agua en su bebedero.

31

ÍNDICE